DAS MAGAZIN

MEINE LIEBEN LESERINNEN UND LESER!

Aufwachen, der Winterschlaf ist endgültig vorbei! Ich hoffe, ihr habt die letzten Monate nicht wirklich verschlafen, sondern hattet eine tolle Winterzeit mit Hüttengaudis, Schneeabenteuern und dem einen oder anderen gemütlichen Abend zu Hause. Vor allem diese ruhigen Abende im Kreise meiner Lieben sind für mich besonders wertvoll. Wie ich euch in der letzten Ausgabe erzählt habe, verordne ich mir in der kalten Jahreszeit bewusst etwas mehr Ruhe, um meine Akkus aufzuladen und neue Kraft zu tanken. Wo ich diese Kraft finde, erfahrt ihr in dieser Ausgabe („Meine Kraftplätze") und auf meiner neuen Website, der ihr unbedingt einen Besuch abstatten solltet. Bei meinen zahlreichen Winterspaziergängen durch die Salzburger Landschaft habe ich allerdings nicht nur Kraft getankt, sondern wurde von der malerischen Natur auch zu neuen Backideen inspiriert. Jetzt, wo die Tage langsam länger werden und die Sonne wieder unsere tägliche Begleiterin ist, möchte ich all diese Ideen am liebsten sofort umsetzen. Ihr merkt schon, Frühjahrsmüdigkeit herrscht hier am Bramlhof nicht. Vielmehr ist es bei mir die Frühjahrsmotivation, die sich in den Geschichten und Rezepten dieser Ausgabe widerspiegelt.

Ich darf euch unter anderem zwei meiner absoluten Backlieblinge vorstellen: Topfen und Weizen. Auf den folgenden Seiten findet ihr alles Wissenswerte über Herstellung, Verarbeitung und gesundheitliche Wirkungen. Auch wenn sich die zwei Backzutaten nur schwer vergleichen lassen, haben sie eine entscheidende Sache gemeinsam: Sie lassen sich beide in schmackhafte Mehlspeisen oder Brote verwandeln. Probiert es doch selbst mit meinen liebsten Topfen- und Weizen-Rezepten, die sich für jeden Anlass eignen.

Apropos Anlass: Gerade im Frühling stehen einige Feste und Feierlichkeiten an. Im Mai ist wieder Muttertag. Zeit, unseren Müttern Danke zu sagen. Ein Rezept für ein „süßes Danke" findet ihr in dieser Ausgabe. Mein Herz-Gugelhupf lässt sich von kleinen und großen Kindern im Handumdrehen nachbacken und zaubert jeder Mama ein Lächeln ins Gesicht. Außerdem zeige ich euch, welches süße Tier den Ostertisch meiner Urli-Oma geschmückt hat, sowie ein frühlingshaftes Menü für die Feiertage.

Nach dieser kleinen Vorschau wünsche ich euch jetzt viel Spaß beim Blättern und Nachbacken. Ich hoffe, ihr habt einen wunderbaren Frühling und genießt jeden Sonnenstrahl. Alles Liebe!

Eure
Christina

TOPFEN REZEPTE

06 **SO EIN TOPFEN**
Hintergrundwissen zum weißen Wunder

10 **TOPFEN-MÄUSE**
Unwiderstehlich

12 **ERDBEER-TOPFEN-TORTE**
Ein beeriges Meisterwerk

14 **TOPFEN-SCHOKO-GUGELHUPF**
Eine Liebesgeschichte, wie sie im Backbuche steht

16 **MOHN-TOPFEN-TORTE**
Mit himmlischen Streuseln

18 **ÜBERBACKENE TOPFENPALATSCHINKEN**
Gerollte Schlemmerei aus dem Ofen

20 **TOPFEN-DALKEN**
Der schiefe Turm von Christina

CHRISTINAS WELT

03 **EDITORIAL**
Backen mit Christina – Das Magazin

22 **MEINE KRAFTPLÄTZE**
Der Lungau und seine Energiequellen

40 **DIE BACKBUCH NEUAUFLAGE**
Christinas schwarzes Buch mit noch mehr Rezepten und Geschichten

41 **MEIN KALENDER**
Alle Termine im Frühling

42 **MUTTERTAG**
Eine kurze Geschichte über das Muttersein

54 **URLI-OMAS GEHEIMNIS**
Süßes für den Ostertisch

WEIZEN

- 24 **WEIZEN**
  Ein ährenhaftes Getreide
- 27 **WEIZEN POWER**
  Fragen und Antworten zum beliebten Getreide
- 28 **BACKWISSEN RUND UM WEIZEN**
  3 Mehlsorten – ein Rezept
- 30 **WEIZENBROT**
  Das Grundrezept

34

- 32 **VOLLKORNBROT**
  Der Evergreen im Brotkorb
- 34 **KNÄCKEBROT**
  Horch mal, wie es knackt
- 36 **ZWIEBELWECKERL**
  Das zwiebelige Pausen-Highlight
- 38 **KIPFERL IN HERZFORM**
  Sagt mehr als tausend Worte
- 44 **HERZ-GUGELHUPF**
  Ein Muttertagsrezept für Kinder

32

50

MEIN FRÜHLINGSMENÜ

- 48 **BÄRLAUCHSUPPE**
  Die frühlingshafte Geschmacksexplosion
- 50 **SPARGEL-TARTE**
  Der beliebte Frühlingsklassiker
- 52 **TOPFENAUFLAUF IM GLAS**
  So viel Geschmack auf kleinem Platz

So ein
TOP

ALLES ÜBER
DAS WEISSE WUNDER

TOPFEN

Seit Tausenden von Jahren schätzen die Menschen den Geschmack und die Vielseitigkeit von Topfen. Das Milchprodukt verfeinert nicht nur Torten, Aufstriche und Co, sondern findet auch als Hausmittel wohltuende Verwendung. Aber wie wird der weiße Tausendsassa eigentlich hergestellt? Und warum heißt der Topfen so, wie er heißt? Die Antworten auf diese Fragen und meine liebsten Topfen-Rezepte habe ich für euch auf den nächsten Seiten zusammengefasst.

Fotos: Nadja Hudovernik

HÄTTET IHR'S GEWUSST?

Red nicht so einen Topfen! Eine Redewendung, die wohl jeder von uns schon einmal gehört oder selbst verwendet hat. Wer „Topfen redet", gibt nur Blödsinn von sich. Aber woher kommt dieser Ausspruch? Bereits seit dem 16. Jahrhundert steht das Wort „Topfen" bzw. „Quark" sinnbildlich für etwas Unwichtiges, Unsinniges oder Wertloses. Weil Topfen früher relativ einfach hergestellt werden konnte und als billiges Lebensmittel galt, erhielt das Milchprodukt höchstwahrscheinlich diese negative Bedeutung.

Red nicht so einen Topfen!

WEISSES WUNDER

DER TAUSENDSASSA TOPFEN IM ÜBERBLICK

> *Warum ich so gern mit Topfen backe? Weil er jeder Mehlspeise und jedem Aufstrich die nötige Cremigkeit verleiht. Und das Beste: Topfen ist auch noch gesund!*

Egal, ob in Aufstrichen, als Tortencreme oder Füllung für Palatschinken: Topfen ist ein wahrer Tausendsassa – und das schon seit geraumer Zeit. Wie Aufzeichnungen aus dem 3. Jahrhundert belegen, war Topfen bereits im alten Griechenland eine beliebte Zutat für Kuchen. Im Mittelalter lernte man Geschmack und Vielseitigkeit des Milchprodukts dann auch in unseren Breiten zu schätzen und der Topfen fand seinen Weg nach Mitteleuropa. In einem deutschen Buch für Haushaltstipps aus 1696 findet sich die Stelle „Aus der sauren Milch aber machet man Quarg". Wie dieser alte Ratschlag verrät, wird der „Quark", wie Topfen in Deutschland genannt wird, aus Milch hergestellt. Durch die Zugabe von Milchsäurekulturen und Lab, einem Enzym-Gemisch, entsteht nach einigen Stunden eine gallertartige Masse. Anschließend muss diese Topfenmasse von der flüssigen Molke getrennt werden. Bei der traditionellen Topfenherstellung erfolgt das Ablaufen der Molke, indem der Topfen abgeschöpft und in Tücher oder Säcke gefüllt wird. In der modernen Speisetopfenherstellung wird diese Aufgabe von Maschinen übernommen.

Der fertige Topfen wird dann nicht nur in kulinarische Schmankerl verwandelt, sondern ist auch ein altbewährtes Hausmittel. Bei Entzündungen, Hautproblemen, Gelenks- oder Halsschmerzen können Topfenwickel wahre Wunder wirken.

Wie Topfen hergestellt und verwendet wird, hätten wir nun geklärt. Bleibt nur noch die Frage, wie der weiße Tausendsassa zu seinem Namen kam. Manche Quellen meinen, der Name habe etwas mit der altertümlichen Lagerung von Milch in Tontöpfen zu tun. In diesen Töpfen wurde die Milch schnell sauer, die Flüssigkeit verdampfte und der sogenannte „Twaragau" blieb zurück. Zwar entstand daraus das deutsche Wort „Quark", mit dem österreichischen Wort „Topfen" hat die Lagerung im Topf allerdings nichts zu tun. Vielmehr kommt das Wort vom mittelhochdeutschen „topfe", was so viel wie „Fleck" oder „Punkt" bedeutet. Mit diesen „Punkten" sind die kleinen geronnenen Milchklümpchen gemeint, aus denen das weiße Wunder namens Topfen entsteht.

TOPFEN MÄUSE

WER RUFT DENN DA?

🕐 *25 Minuten*

Wenn ihr euer Ohr ganz nah an den Teller mit den Topfenkugerln haltet, könnt ihr jedes einzelne leise schreien hören: „Iss mich, iss mich!" Tja, wer könnte einer so süßen Bitte widerstehen.

ZUBEREITUNG

Die angegebenen Zutaten zu einem Topfenteig verrühren.

Das Öl zum Ausbacken in einem Kochtopf auf ca. 170 Grad erhitzen. Mit einem Esslöffel die Teigportionen abstechen und direkt ins heiße Fett geben. Die „Mäuse" so lange backen, bis sie rundherum schön goldgelb sind.

ZUTATEN

4 Eier
150 g Staubzucker
140 g Öl
250 g Topfen
300 g Weizenmehl 700
1 Pkg. Backpulver
15 g Kakao
Rosinen nach Wunsch

0,5 l Öl zum Ausbacken

ERDBEER TOPFEN-TORTE

IST DAS KUNST ODER KANN DAS IN DEN MUND?

 170 Grad   60 Minuten

Es gibt Topfentorten. Und es gibt Meisterwerke wie diesen fruchtigen Tortentraum.
Von der ersten Erdbeere bis hin zur Bräune ein gelungenes Backwerk.
Da soll noch einer sagen, ich hätte keinen Sinn für Kunst …

ZUBEREITUNG

Aus den Zutaten einen Biskuitteig zubereiten und den Teig in die Tortenform füllen, bei 170 Grad Heißluft im vorgeheizten Backofen ca. 20 Minuten backen. Anschließend auskühlen lassen.

Für die „Brösel"-Dekoration den Tortenring abnehmen und ca. 1 cm vom Tortenboden abschneiden und einige Erdbeerstücke zur Seite legen.

Für die Fülle Schlagobers mit dem Sahnesteif laut Packungsanweisung aufschlagen. Die restlichen Zutaten unterheben.

Nun den Tortenring wieder rund um die Torte legen. Einen Teil der Erdbeeren für den Tortenrand halbieren und mit der Schnittkante nach außen dicht am Tortenring entlang stellen. Die restlichen Erdbeeren auf den Tortenboden stellen. Nun die vorbereitete Fülle vorsichtig auf den Erdbeeren verteilen. Abschließend die Torte mit den Bröseln und kleinen Erdbeerstückchen verzieren.

ZUTATEN FÜR EINE TORTENFORM (20 CM)

Dunkler Biskuitboden
2 Eier
80 g Zucker
50 g Butter
20 g Kakaopulver
80 g Weizenmehl 700
5 g Backpulver
2 EL warmes Wasser

Fülle
330 g Schlagobers
2 Pkg. Sahnesteif
250 g Topfen
40 g Zucker
1 EL Zitronensaft

300 g Erdbeeren

Miele Tipp

Der Biskuitteig wird besonders luftig im Combi-Dampfgarer bei 170 Grad und 30% Dampf.

Miele

TOPFEN-SCHOKO GUGELHUPF

EINE LIEBESGESCHICHTE WIE SIE IM BACKBUCHE STEHT

 170 Grad    70 Minuten

Romeo und Julia, Susi und Strolch, Barbie und Ken – die Traumpaare schlechthin. Und dennoch können sie nicht mit unserem Topfen-Schoko-Duo mithalten. Dieses Rezept ist die wohl schönste Lovestory der Backgeschichte.

ZUBEREITUNG

Öl, Zucker und Eier schaumig rühren. Im Anschluss Mehl, Backpulver, Kakaopulver und Topfen unterrühren und den Teig in eine eingefettete und mit Semmelbröseln ausgestreute Gugelhupfform füllen.

Den Gugelhupf bei 170 Grad Heißluft im vorgeheizten Backofen ca. 55 Minuten backen.

Für die Deko fülle ich die warme Nougat-Creme in einen Spritzsack und verziere damit den Gugelhupf.

ZUTATEN

150 g Öl
200 g Staubzucker
5 Eier
300 g Weizenmehl 700
1 Pkg. Backpulver
30 g Kakaopulver
250 g Topfen 20%

Deko
Nougat-Creme

MOHN-TOPFEN TORTE

WAS UNTER DER DECKE PASSIERT...

 170 Grad   90 Minuten

... bleibt unter der Decke. Dass diese Weisheit nicht immer stimmen muss, beweist diese Torte nur zu gut. Es wäre doch ziemlich schade, wenn die himmlische Fülle unter der Streuseldecke verborgen bliebe.

ZUBEREITUNG

Aus den Zutaten einen Mürbteig zubereiten. Diesen kann, muss man aber nicht kühl stellen. Ich habe ihn in diesem Fall direkt weiterverarbeitet. 2/3 des Teiges anschließend – am besten zwischen zwei Dauerbackfolien – rund ausrollen und in eine Tortenform legen. Am besten etwas größer ausrollen, dann kann man den Teig auch gleich am Tortenring hochziehen.

Für die Fülle zwei Eier trennen und deren Eiklar zu einem steifen Schnee schlagen. Die Dotter und die restlichen zwei Eier zusammen mit Topfen, Sauerrahm, Zucker und Puddingpulver gut vermischen. Am Schluss noch den Schnee und den Mohn vorsichtig unterheben.

Die Fülle auf den vorbereiteten Tortenboden geben und den Rest des Mürbteiges als Streusel darüber verteilen. Nun im vorgeheizten Backrohr bei 170 Grad Heißluft ca. 1 Stunde backen.

ZUTATEN

Teig
250 g Weizenmehl 700
150 g Butter
80 g Zucker
1 Ei
8 g Backpulver
1 Prise Salz

Fülle
4 Eier
500 g Topfen
120 g Sauerrahm
80 g Zucker
1 Pkg. Vanillepuddingpulver
120 g gemahlener Mohn

Streusel
1/3 des Mürbteiges verwenden

BACKEN MIT Tipp CHRISTINA

Topfen enthält viel hochwertiges Eiweiß. Vor allem Vegetarier können ihren Eiweißbedarf mit Topfen gut abdecken.

ÜBERBACKENE TOPFEN PALATSCHINKEN

WAS FÜR EIN GEDRÄNGE!

 170 Grad   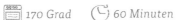 60 Minuten

Dicht an dicht kuscheln sich die Palatschinken aneinander. Es scheint fast so, als würde sich jede um den besten Platz streiten. Da hilft nur eines: Zugreifen! Und das Gedränge lichtet sich in Nullkommanichts.

ZUBEREITUNG

Für die Palatschinken alle Zutaten gut miteinander verrühren und 10 Minuten quellen lassen. Dann in einer Pfanne etwas Öl oder Butterschmalz erhitzen. Mit einem Schöpflöffel so viel Teig einfüllen, dass der Pfannenboden dünn bedeckt ist – in die Mitte eingießen und durch Herumschwenken der Pfanne gleichmäßig verteilen. Die Palatschinke nun auf einer Seite goldbraun werden lassen und wenden, die zweite Seite ebenso goldbraun ausbacken.

Für die Fülle zuerst die Eier trennen und die Eiklar zu einem Schnee schlagen. Die restlichen Zutaten (Dotter, Topfen, Zucker, Rosinen und Zitronensaft) miteinander verrühren und am Schluss den Eischnee unterheben.

Zwei Palatschinken halb überlappend auflegen und mit Fülle bestreichen. Danach einrollen, in drei Teile schneiden und nacheinander in eine Auflaufform schlichten. Für ca. 10 Minuten im vorgeheizten Backrohr bei 170 Grad Heißluft vorbacken. Danach den Guss aus versprudelter Eiermilch darübergießen und nochmals für 30 Minuten backen.

ZUTATEN FÜR 4 PERSONEN

Teig
450 g Milch
4 Eier
260 g Weizenmehl 700

etwas Öl/Butterschmalz zum Backen

Fülle
2 Eier
500 g Topfen
30 g Zucker
Rosinen nach Wunsch
Saft von 1/2 Zitrone

Guss
150 g Milch
2 Eier
Vanillezucker

TOPFEN DALKEN

DER SCHIEFE TURM VON CHRISTINA

⏱ *30 Minuten*

Ein wahres Kunstwerk, dieser Dalken-Turm. Aber egal, ob aufeinander, nebeneinander oder miteinander: Die kleinen Topfenkreise schmecken in jeder Konstellation.

ZUBEREITUNG

Eier trennen und Eiklar zu Schnee schlagen. Die restlichen Zutaten zu den Eidottern geben, gut verrühren und zum Schluss vorsichtig den Schnee unterheben.

In einer Pfanne etwas Öl oder Butterschmalz erhitzen. Nun esslöffelgroße Teigportionen in die Pfanne geben und auf beiden Seiten goldbraun backen.

Von den Erdbeeren etwa 100 g pürieren und mit Zucker vermischen.

Die etwas ausgekühlten Dalken mit Erdbeersauce und Erdbeeren anrichten, servieren und genießen.

ZUTATEN
DURCHMESSER 8 CM

3 Eier
250 g Topfen
etwas Zitronensaft
3 g Zimt
40 g Zucker
150 g Weizenmehl 700
etwas Salz
5 g Backpulver
50 g Milch

Öl oder Butterschmalz zum Backen

Zum Anrichten
250 g Erdbeeren
30 g Zucker
etwas Staubzucker zum Bestreuen

GUTES GANZ EINFACH • KRAFTPLÄTZE

KRAFT-PLÄTZE
IM LUNGAU

HIER TANKE ICH ENERGIE FÜR NEUE PROJEKTE

Rund um den **Landawirsee** im Talschluss von Göriach kann man wunderbar spielen, relaxen und nichts tun. Es ist so schön da oben, sogar unsere wählerischen Kühe und Schafe machen es sich im Sommer dort gemütlich.

Die **Kernalm-Tweng** ist ein schöner Rückzugsort für mich und meinen Mann. Wir genießen dort oben viel gemeinsame Zeit, da unsere Kälber den Sommer auf dieser Alm verbringen.

Neben meiner Familie ist meine Heimat, der Salzburger Lungau, die größte Energiequelle für mich. Die Natur belebt, inspiriert und tut so wahnsinnig gut. Und das Beste: Sie beginnt direkt vor meiner Haustür. Wo ich Kraft für neue Projekte tanke, zeige ich euch auf meiner Website. Kommt mit auf einen Streifzug durch meine wunderschöne Heimat!

Die absolute Ruhe um den **Piendlsee** mag ich ganz besonders. Der Aufstieg ist relativ steil, daher verirren sich nur wenige Menschen hierher.

WWW.BACKENMITCHRISTINA.AT/KRAFTPLAETZE

GUTES GANZ EINFACH • ERFOLGSREZEPT

MEIN ERFOLGS REZEPT

In letzter Zeit fragen mich viele von euch, wie ich es eigentlich geschafft habe, meine kleine Backwelt aufzubauen. Ich habe ein wenig darüber nachgedacht und verrate euch nun mein persönliches Erfolgsrezept. Man nehme ...

1 Handvoll *Kreativität*

2 große Löffel *Selbstvertrauen*

1 große Portion *Bodenständigkeit*
Diese wichtigste Erfolgszutat findet sich in jedem Zuhause im Kreise eurer Familie.

1 Prise *Mut*
Achtung: Nicht mit Leichtsinn verwechseln! Der sieht dem Mut täuschend ähnlich, verdirbt aber den Geschmack.

ZUBEREITUNG

Kreativität, Mut und Bodenständigkeit langsam und mit Bedacht vermengen. Dann Selbstvertrauen unterheben. Vorsicht bei der Dosierung: Zu viel Selbstvertrauen schmeckt nach Arroganz und vereitelt das Ergebnis. Anschließend so lange umrühren, bis der Erfolg sichtbar wird. Am Ende mit etwas Dankbarkeit bestreuen.

GUTES GANZ EINFACH • WEIZEN

WEIZEN

EIN ÄHRENHAFTES GETREIDE

Weizen zählt zu den ältesten und – aufgrund seiner Inhaltsstoffe und Backfähigkeit – beliebtesten Getreidesorten der Welt. Aber Weizen ist nicht gleich Weizen und Mehl ist nicht gleich Mehl. Auf den folgenden Seiten verrate ich euch, was in Weizen steckt und wie sich einzelne Weizenmehlsorten voneinander unterscheiden. Außerdem räume ich mit einigen Gesundheitsmythen auf und zeige euch, welche knusprigen Köstlichkeiten ihr aus Weizenmehl zaubern könnt.

Weizen, die zweitälteste Getreideart

Die ersten Weizenfunde stammen aus der Zeit von 7800 bis 5200 v. Chr. – Weizen ist damit nach der Gerste das zweitälteste Getreide der Welt.

Weizen als GRUNDNAHRUNGSMITTEL

In vielen Ländern ist Weizen ein Grundnahrungsmittel (Brotgetreide). Mit rund 800 Millionen Tonnen war es 2017 nach Mais das am zweithäufigsten angebaute Getreide der Welt.

WAS IST WEIZEN?

Weizen ist ein Getreide. Genau genommen sind es viele Getreide, denn Weizen dient als Sammelbegriff für eine Reihe von Weizensorten wie z. B. Dinkel, Emmer, Grannenweizen oder Einkorn.

Weltweiter Anbau

Weizen wird auf allen Kontinenten angebaut, wo es Klima und Boden zulassen. Die bedeutendsten Anbauländer sind die USA, Kanada, Russland, Australien und Argentinien.

FLÜSSIGER WEIZEN

„Weizen" ist nicht nur die Bezeichnung für das beliebte Getreide, sondern auch der Name einer Biersorte, die vor allem in Bayern gern getrunken wird. Als Weizenbier (auch Weißbier genannt) bezeichnet man Bier, das mit Weizen- statt Gerstenmalz hergestellt wurde.

WEIZEN IN ÖSTERREICH

Aufgrund der günstigen Wachstums- und Wetterbedingungen ist Weizen in Österreich die wichtigste Getreideart. Auf einer Fläche von rund 250.000 ha werden jährlich 1,24 Millionen Tonnen Weizen produziert.

WEIZEN POWER

FRAGEN UND ANTWORTEN ZUM BELIEBTEN GETREIDE

Weizen gilt als besonders vielseitiges Getreide und gehört zum Standardrepertoire von Backbegeisterten. Aber welche Inhaltsstoffe machen Weizen zum Star unter den Backzutaten? Warum wird Weizen manchmal als ungesund bezeichnet? Und in welchen Lebensmitteln steckt das vielseitige Getreide? Ich habe mich für euch auf Spurensuche begeben und ein paar interessante Antworten auf diese Fragen gefunden.

>> Welche Inhaltsstoffe stecken in Weizen?

Weizen bzw. Weizenmehl enthält zum Großteil Kohlenhydrate, Eiweiß und Ballaststoffe. Außerdem stecken in Weizen die wichtigen Vitamine B und E. Den tatsächlichen Nährstoffgehalt bestimmt der Ausmahlungsgrad des Mehls. Je höher der Ausmahlungsgrad, desto mehr von den äußeren Schichten des Korns (Schalenteile, Keimling) wurden bei der Herstellung verwendet. Weil diese Bestandteile des Korns besonders wertvoll sind, enthält das Mehl mit einem hohen Ausmahlungsgrad (Brot- oder Vollkornmehl) auch mehr Nährstoffe. Grundsätzlich gilt die Faustregel: Je dunkler das Mehl, desto mehr wichtige Vitamine, Mineral- und Ballaststoffe sind darin enthalten.

>> Warum ist Weizen eine derart beliebte Backzutat?

Für seine Bedeutung als Backzutat ist das Klebereiweiß Gluten verantwortlich. Gluten ist eine Eiweißverbindung, die beim Kontakt mit Wasser aus dem Mehl einen klebrigen, elastischen Teig macht. Außerdem hält Gluten die Gärgase im Teig und sorgt dafür, dass Brote, Weckerl und Co. gut aufgehen können.

>> Welche Lebensmittel enthalten Weizen?

Brot, Nudeln oder Mehlspeisen sind längst nicht die einzigen Lebensmittel, die Weizen bzw. Weizenmehl enthalten. Auch in Kartoffelchips oder Fertiggerichten wird Weizenstärke als Füllmittel eingesetzt. Soßen, Eis oder Öle (Weizenkeimöl) können ebenfalls Spuren von Weizen enthalten.

>> Warum wird Weizen manchmal als ungesund abgestempelt?

In den letzten Jahren haben Bücher und Geschichten über Abnehmerfolge dazu beigetragen, dass Weizen immer öfter als Dick- und Krankmacher abgestempelt wird. Die Meinungen darüber gehen auseinander, denn wie bei den meisten Lebensmitteln gilt auch beim Weizen: Die Dosis macht das Gift. Auf einem ausgewogenen Speiseplan hat Weizen definitiv seine Berechtigung. Die österreichische Ernährungspyramide empfiehlt täglich rund vier Teile Getreide bzw. Kartoffeln. Der Konsum von Weizenprodukten verursacht bei manchen Menschen mit Zöliakie (Glutenunverträglichkeit) oder Weizenallergie Symptome im Magen-Darm-Trakt, allerdings ist davon nur ein geringer Teil der Bevölkerung betroffen.

3 Mehlsorten — EIN REZEPT AUF SEITE 30

Weizenmehl eignet sich perfekt zum Brotbacken. Das Klebereiweiß Gluten macht den Teig elastisch und sorgt dafür, dass er gut aufgeht. Aber Weizenmehl ist nicht gleich Weizenmehl. Deshalb zeige ich euch, was die einzelnen Mehlsorten voneinander unterscheidet und wie sich diese Unterschiede auf die fertigen Brote auswirken.

Weißmehl

DAS MEHL: Beim Weißmehl werden nur die inneren Teile des Weizenkorns vermahlen, wodurch es seine besonders helle Farbe bekommt. Im Gegensatz zu Vollkorn- oder Brotmehl enthält Weißmehl weniger Nährstoffe, hat aber die besten Backeigenschaften und den höchsten Kleberanteil. Daher wird das Gebäck sehr luftig und der Teig lässt sich gut verarbeiten.

BACKERGEBNIS: Dieses Brot ist am stärksten aufgegangen und sieht aus wie ein klassisches Weißbrot. Das Innere des Brotes ist sehr luftig.

Brotmehl

DAS MEHL: Das Mehl mit der Type 1600 ist dunkler als Weißmehl, da es hauptsächlich aus den äußeren Randschichten des Mehlkörpers besteht. Es ist reich an Vitaminen und Mineralstoffen und kann gut mit Roggenmehl gemischt werden.

BACKERGEBNIS: Weizenbrotmehl sorgt dafür, dass das Brot gut – auch in dünne Scheiben – geschnitten werden kann und auch beim Backen schön die Form behält und gut aufgeht.

Vollkornmehl

DAS MEHL: Beim Vollkornmehl wird das ganze Korn inklusive Schale und Keimling vermahlen. Dadurch ist es besonders reich an Vitaminen, Mineral- und Ballaststoffen. Es saugt sehr viel Flüssigkeit, daher müssen Vollkornteige immer etwas weicher sein.

BACKERGEBNIS: Hier geht das Brot etwas in die Breite, da es nicht in einer Form gebacken wurde. Das ist bei Vollkornbroten aber ganz normal. Auf Grund der angepassten Flüssigkeitsmenge ist es sehr saftig, gut haltbar und schön dunkel.

Fotos: Nadja Hudovernik

WEIZEN BROT

DAS GRUNDREZEPT

 210 Grad  90 Minuten

*Dieses Grundrezept bietet die perfekte Basis für geschmackvolles Weizenbrot.
Was passiert, wenn ihr das Mehl ändert, seht ihr auf Seite 28.*

ZUBEREITUNG

Aus den angegebenen Zutaten einen Germteig zubereiten. Den Teig zu einem länglichen Laib formen und in ein bemehltes, längliches Gärkörbchen legen.

Das Brot im Gärkörbchen ca. 40 Minuten zugedeckt rasten lassen. Den Backofen auf 210 Grad Heißluft vorheizen.

Das Brot aus dem Gärkörbchen auf ein Backblech stürzen und sofort in den vorgeheizten Backofen geben und ca. 45 Minuten backen.

ZUTATEN

Für helles Weizenbrot
300 g lauwarmes Wasser
500 g Weizenmehl 700
10 g Salz
10 g Germ

Für halbdunkles Weizenbrot
350 g lauwarmes Wasser
500 g Weizenbrotmehl 1600
10 g Salz
10 g Germ

Für Vollkornweizenbrot
400 g lauwarmes Wasser
500 g Weizenvollkornmehl
10 g Salz
10 g Germ

BACKEN MIT Tipp CHRISTINA

Die Typenzahl (z. B. W480 oder W1600) hat mit der Helligkeit und dem Nährstoffgehalt (Vitamine, Ballast- und Mineralstoffe) zu tun. Je höher die Zahl, desto dunkler und nährstoffreicher ist das Mehl.

VOLLKORN BROT

DER EVERGREEN IM BROTKORB

 210 Grad  100 Minuten

*Vor Tausenden von Jahren wurde das erste Weizenbrot gebacken.
Noch heute lässt der Brotklassiker die Jausenherzen höherschlagen –
ein echter Dauerbrenner.*

ZUBEREITUNG

Aus den angegebenen Zutaten einen Germteig zubereiten und ca. 30 Minuten zugedeckt rasten lassen.

Den Teig zu einem Brotlaib formen und in einen Tontopf legen. Mit etwas Wasser besprühen und mit einem Leinsamen-Haferflocken-Gemisch bestreuen. Nun im geschlossenen Topf nochmals ca. 10 Minuten gehen lassen.

Im vorgeheizten Backofen bei 210 Grad Heißluft ca. 50 Minuten backen.

ZUTATEN

100 g Wasser
100 g Topfen
255 g Milch
500 g Weizenvollkornmehl
30 g Haferflocken
30 g Leinsamen, geröstet
15 g frische Germ
10 g Salz

Haferflocken und Leinsamen zum Bestreuen

KNÄCKE BROT

WIE WAR DAS?

 180 Grad   70 Minuten

„Ich hab dich leider nicht gehört, mein Knäckebrot hat so laut geknackt!"
Dieser schwedische Knabberklassiker schmeckt nicht nur fantastisch, sondern eignet sich auch
gut, um unliebsame Wortspenden einfach zu überhören – oder besser, zu überknacken.

ZUBEREITUNG

Alle Zutaten gut miteinander verrühren, dünn auf ein Backblech streichen und ca. 1 Stunde im vorgeheizten Backrohr bei 180 Grad Heißluft backen.

Achtung: Für das Backen vom Knäckebrot verwendet ihr am besten eine Dauerbackfolie oder fettet das Belch vorher ein. Denn auf einem gewöhnlichen Backpapier bleibt der Teig manchmal leider kleben.

Nach ca. 10 Minuten Backzeit mit einem Pizzaroller in Stücke schneiden und gleich weiterbacken.

ZUTATEN

380 g Wasser
80 g Weizenmehl 700
80 g Haferflocken
60 g Weizenkleie
10 g Öl
10 g Salz

BACKEN MIT Tipp CHRISTINA

Es muss nicht immer Butter sein! Wer Kalorien sparen möchte, kann stattdessen Topfen auf sein Weckerl schmieren – ist gesünder und schmeckt mindestens genauso gut.

ZWIEBEL WECKERL

ZWIEBELIGE PAUSEN-HIGHLIGHTS

 170 Grad    60 Minuten

So ein Zwiebelweckerl eignet sich nicht nur für Jausenabende zu Hause, sondern kann einem als Pausensnack auch den anstrengenden Arbeitstag retten. Wenn ihr die Weckerl mit euren Kollegen teilt, verzeihen sie euch auch bestimmt den Zwiebelgeruch im Büro.

ZUBEREITUNG

Aus den angegebenen Zutaten einen pikanten Germteig zubereiten. Dazu die lauwarme Milch in eine Schüssel geben. Mehl, Salz, Germ und die zimmerwarme Butter dazugeben und zu einem Germteig weiterverarbeiten. Den Teig soll ungefähr 5–10 Minuten lang geknetet werden – dadurch wird er schön glatt und löst sich von der Schüssel. Wenn der Teig fast fertig geknetet ist, die Röstzwiebel dazugeben. Anschließend für 20 Minuten zugedeckt in einer Schüssel gehen lassen.

Danach den Teig zu Weckerl formen, die Weckerl mit Wasser besprühen und mit dem geriebenen Bergkäse bestreuen. Im vorgeheizten Backrohr bei 170 Grad Heißluft mit viel Dampf ca. 20 Minuten backen.

ZUTATEN FÜR 12 STÜCK

300 g lauwarme Milch
500 g Weizenmehl 700
(oder Dinkelmehl 700)
10 g Salz
1/2 Würfel Germ
50 g zimmerwarme Butter
Röstzwiebel

100 g geriebener Bergkäse
zum Bestreuen

KIPFERL IN HERZFORM

...SAGT MEHR ALS TAUSEND WORTE

 180 Grad    60 Minuten

Manchmal tut man sich einfach schwer, seine Gefühle in Worte zu fassen. Aber es müssen gar nicht immer Worte sein. Wie wäre es mit einem Kipferlherz? Es schmeckt fabelhaft und sagt auf ganz besondere Art und Weise „Ich mag dich".

ZUBEREITUNG

Aus den angegebenen Zutaten einen Germteig zubereiten und diesen ca. 30 Minuten rasten lassen. Den Teig in 90 g schwere Stücke aufteilen. Jedes Stück zu einer Kugel schleifen und die Kugeln ca. 10 Minuten zugedeckt rasten lassen. Danach jedes Kugerl oval ausrollen und der Länge nach einrollen. Jeweils 2 Stück zu einem Herz zusammensetzen und nochmals ca. 10 Minuten rasten lassen. Nun werden die Herzerl mit einem verquirlten Ei bestrichen und mit Hagelzucker bestreut.

Bei 180 Grad Heißluft ca. 20 Minuten im vorgeheizten Backrohr backen.

ZUTATEN

300 g Milch
500 g Weizenmehl 700
7 g Salz
30 g Zucker
10 g frische Germ
30 g weiche Butter

Hagelzucker & Ei zum Bestreichen

erweiterte Neuauflage

BACKEN MIT CHRISTINA

DIE NEUAUFLAGE MEINES ERSTEN BUCHES ERSCHEINT BALD MIT NOCH MEHR REZEPTEN UND GESCHICHTEN!

Meine lieben Bäckerinnen und Bäcker!

Ich habe eine wunderbare Neuigkeit: Mein erstes Buch „Backen mit Christina" ist so gut bei euch angekommen, dass mein Verlag und ich beschlossen haben, noch mehr ins Buch hineinzupacken. Warum wir das tun? Es ist nun einige Zeit her, dass die erste Auflage erschienen ist – und auch ich habe mich weiterentwickelt. Heute gehe ich, wie man in meinen aktuellen Büchern sieht, manche Dinge anders an. Natürlich möchten wir da die Chance ergreifen, das Buch auf den neuesten Stand zu bringen.

Zusätzlich gibt es 10 gelingsichere Lieblingsrezepte. Und das Beste daran: Ihr – meine größten Fans – habt sie ausgewählt! Diese Rezepte sind bereits alle auf meinem Blog zu finden, und ich habe nicht nur eine Umfrage in meinem Newsletter gemacht, welche Rezepte euch am besten gefallen, sondern auch nachgeforscht, welche auf meiner Website richtig oft aufgerufen werden. Damit ihr sie schnurstracks ausprobieren könnt, verrate ich sie euch gleich: Germknödel, Roggenbrot, Weizenbrot (im Herz-Gärkörbchen), Cruffins, Riesige Mandelschnecke, Buttermilchweckerl, Frühstückskipferl, Grissini, Pizzastern, Käsestangerl

Es ist einfach schön, dass ich mein erstes Buch in die zweite Runde schicken kann. Danke dafür!

Eure

GUTES GANZ EINFACH • MEIN KALENDER

MEIN KALENDER

SEHEN WIR UNS? ICH FREUE MICH AUF EUCH!

2.-5. APRIL
FRÜHJAHRSMESSE SCHAU!
Dornbirn

06. JUNI
BACKVORFÜHRUNG & SIGNIERSTUNDE THALIA
Gmunden

01. JULI
ERSCHEINUNGSDATUM „KINDER BACKEN MIT CHRISTINA"

04. SEPTEMBER
BACKVORFÜHRUNG & SIGNIERSTUNDE THALIA
Ried, Weberzeile

JETZT NEWSLETTER ABONNIEREN und auf dem Laufenden bleiben.

RÜCKBLICK

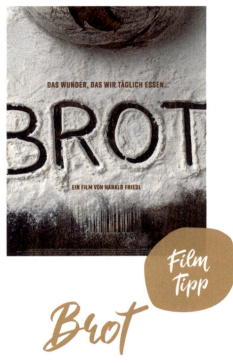

Film Tipp

Brot
DAS WUNDER, DAS WIR TÄGLICH ESSEN

Hinter diesem Titel verbirgt sich ein überaus spannender Dokumentarfilm, zu dessen Premiere ich im Februar eingeladen war. Auch beim anschließenden Publikumsgespräch durfte ich mit dabei sein und mit Gästen sowie den Filmemachern und anderen Experten zu diesem Thema spannende Fragen rund um eines der ältesten Kulturgüter unserer Zeit diskutieren.

Ich kann euch den Film, egal ob backbegeistert oder nicht, sehr ans Herz legen, denn Regisseur Harald Friedl erzählt ungemein vielschichtig von der traditionellen Kunst des Brotbackens, die von engagierten Handwerksbäckerinnen und -bäckern mit neuem Leben erfüllt wird, und von großen Konzernen, die mit modernster Technologie ihrem Industriebrot zu Aroma und Geschmack verhelfen. Vor allem aber zeigt er, was Brot ausmacht und wie sich die sozialen, gesundheitlichen und ökologischen Bedingungen in Brot verkörpern.

GUTES GANZ EINFACH • KINDER BACKEN MIT CHRISTINA

Danke, Mama!

EINE KURZE GESCHICHTE ÜBER DAS MUTTERSEIN

Wie oft habe ich diese Worte selbst gesagt oder geschrieben. Und wie nervös war ich dabei manchmal. Heute geht es meinen Kindern ähnlich. Aber warum sind die Kleinen immer ein wenig angespannt, wenn ihnen am Muttertagsmorgen ein „Danke, Mama" über die Lippen kommt? Ich glaube, weil Kinder ganz genau spüren, dass diese „Mama", der sie für all die schönen Momente und weggewischten Tränen danken, eigentlich eine Superheldin ist.

> *Wenn all die Wunden versorgt, die Bäuche voll und die Bilder gemalt sind, durchströmt mich eine unglaubliche Freude und Dankbarkeit.*

Vor rund 100 Jahren wurde in Österreich zum ersten Mal Muttertag gefeiert. Seinen Ursprung verdankt dieser Feiertag nicht etwa der Werbe- oder Floristikbranche, sondern dem tiefen Wunsch einer Tochter, ihrer und allen Müttern auf dieser Welt Danke zu sagen. Zu Beginn des 20. Jahrhunderts kämpfte die Amerikanerin Anna Marie Jarvis für die Einführung eines offiziellen Feiertags zu Ehren aller Mütter – mit Erfolg. 1914 wurde in den USA zum ersten Mal Muttertag gefeiert. Seit den 1920er Jahren ist es auch in Österreich Tradition, am zweiten Sonntag im Mai „Danke, Mama!" zu sagen.

Heute, rund 100 Jahre nach dem ersten Muttertag, habe ich mir so meine Gedanken über diese wunderbare Tradition gemacht. Ich habe mich gefragt, was Muttersein für mich persönlich bedeutet, und bin zu dem Entschluss gekommen, dass „Mama" nicht einfach nur ein Beruf ist. Vielmehr stecken hinter diesem kleinen Wörtchen unzählige, nicht immer ganz einfache, aber wunderschöne Aufgaben. Als Mama bin ich gleichzeitig Ärztin, Chauffeurin und Köchin. Wenn es meinen Kindern nicht gut geht, bin ich Therapeutin oder einfach eine gute Zuhörerin. In stressigen Momenten muss ich Organisationstalent beweisen und als Managerin einen kühlen Kopf bewahren. Selbst wenn es nur darum geht, gemeinsam mit meinen Kindern ein Bild zu malen, muss ich zur Künstlerin werden und mit Kreativität überraschen. Als Mutter bin ich nicht nur ein Vorbild, sondern auch eine Freundin.

Das Besondere am Muttersein sind aber die ruhigen Momente, in denen man über die kleinen Alltagserfolge und die gemeinsam erlebte Zeit nachdenken kann. Dann, wenn all die Wunden versorgt, die Bäuche voll und die Bilder gemalt sind, durchströmt mich eine unglaubliche Freude und Dankbarkeit. Genau solche Momente sind es, die für mich das Muttersein ausmachen. In diesen Augenblicken bin ich nicht mehr Ärztin, Chauffeurin oder Managerin, sondern ein klein wenig Superheldin.

GUTES GANZ EINFACH • KINDER BACKEN MIT CHRISTINA

SEITE 44

HERZ GUGELHUPF

EIN SÜSSES DANKESCHÖN

 170 Grad    *60 Minuten*

Ein Dankeschön kann viele Formen annehmen: geflüstert oder lauthals geschrien, mit Blumen verziert oder verpackt als Geschenk. Mein liebstes Dankeschön kommt als Gugelhupf daher. Er lässt sich von kleinen und großen Kindern im Handumdrehen nachbacken und zaubert jeder Mama ein Lächeln ins Gesicht.

ZUBEREITUNG

Die Eier mit dem Zucker und Öl gut verrühren. Danach die restlichen Zutaten, außer die Himbeeren, hinzugeben und nochmals gut verrühren. Den Teig in die eingefettete und mit Semmelbröseln ausgestreute Gugelhupfform füllen und die Himbeeren in den Teig „eindrücken".

Anschließend den Gugelhupf im vorgeheizten Backrohr bei 170 Grad Heißluft ca. 50 Minuten backen.

Die Himbeerschokolade schmelzen, auf dem fertigen Gugelhupf verteilen und nach Wunsch verzieren.

ZUTATEN

4 Eier
200 g Zucker
160 g Öl
160 g Milch
350 g Weizenmehl 700
15 g Backpulver
10 g Backkakao
10–15 Himbeeren fürs Kuchen-Innere

Deko
Himbeerschokolade

CHRISTINAS FRÜHLINGS MENÜ

Meine drei Lieblingsrezepte für den Frühling!

**BÄRLAUCHSUPPE
SPARGELTARTE
TOPFENAUFLAUF IM GLAS**

Fotos: Nadja Hudovernik

BACKEN MIT Tipp CHRISTINA

Bärlauch lässt sich auch wunderbar einfrieren. Dafür die Blätter gründlich waschen, trocknen und portionsweise in Gefrierbeuteln luftdicht verpacken.

BÄRLAUCH SUPPE

EIN FRÜHLINGSGEDICHT

 30 Minuten

Es kann kein Zufall sein, dass sich „Bärlauch" auf „Will auch!" reimt. Schließlich ist diese unwiderstehliche Vorspeise ein wahres Gedicht.

ZUBEREITUNG

Die gehackte Zwiebel im Butterschmalz anrösten und mit Suppe aufgießen. Die in Würfel geschnittenen Kartoffeln und den geschnittenen Bärlauch dazugeben.

Nun bei geringer Hitze köcheln lassen, bis die Kartoffeln weich sind.

Zum Schluss pürieren und Schlagobers dazugeben, mit Salz und Pfeffer abschmecken.

ZUTATEN

1 Zwiebel
20 g Butterschmalz
1 l Gemüsesuppe
2 Kartoffeln
100 g Bärlauch
50 ml Schlagobers
Salz, Pfeffer

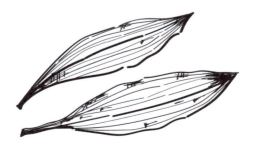

SPARGEL TARTE

WILLKOMMEN IM SPARGEL-DSCHUNGEL

180 Grad   100 Minuten

Für dieses traumhafte Hauptgericht müssen sich Spargeltarzan und Jane nicht von Baum zu Baum schwingen. Da reicht es vollkommen, den Kochlöffel zu schwingen.

ZUBEREITUNG

Aus den angegebenen Zutaten einen Mürbteig zubereiten und diesen ca. 1 Stunde im Kühlschrank rasten lassen.

Den Teig zwischen 2 Dauerbackfolien ausrollen, in die eingefettete Tarteform legen und an den Rändern hochziehen. Den Boden mit einer Gabel einige Male einstechen und bei 180 Grad Heißluft ca. 10 Minuten vorbacken.

Den weißen Spargel schälen, halbieren und kurz in heißem Wasser blanchieren. Den grünen Spargel kurz in heißem Wasser blanchieren. Beide Sorten Spargel gut abtropfen lassen und auf dem vorgebackenen Boden verteilen.

Für den Guss alle Zutaten in eine Schüssel geben und gut verrühren, über die Tarte gießen. Mit Käse bestreuen und bei 180 Grad Heißluft nochmals 30 Minuten backen.

ZUTATEN

Teig
250 g Weizenmehl 700
100 g zimmerwarme Butter
1 Ei
3 EL Wasser
5 g Salz

Fülle
200 g weißer Spargel
200 g grüner Spargel

Guss
2 Eier
150 g Milch
50 g Schlagobers
50 g Frischkäse
Salz, Pfeffer

75 g geriebener Bergkäse
zum Bestreuen

Miele Tipp

Beim Combi-Dampfgarer am besten die Funktion „Intensiv-Backen" einstellen.

Miele

TOPFENAUFLAUF IM GLAS

SO VIEL GESCHMACK AUF KLEINEM PLATZ

 170 Grad    35 Minuten

Überraschung, Begeisterung, Vorfreude – und das alles wegen dieser Nachspeise.
Wer hätte gedacht, dass so viel Gefühl in ein Glas passt.

ZUBEREITUNG

Für den Auflauf zuerst die Eier trennen und die Eiklar zu einem Schnee schlagen. Die restlichen Zutaten gut miteinander verrühren und den Eischnee vorsichtig unterheben.

Danach die Masse in eingefettete Förmchen/Gläser füllen und im vorgeheizten Backofen bei 170 Grad Heißluft ca. 20–25 Minuten backen.

ZUTATEN

2 Eier
250 g Topfen
30 g Zucker
10 g Vanillezucker
30 g Weizenmehl 700

Urli-Omas Geheimnis

Willkommen in der Welt meiner Urli-Oma. Hier findet ihr die besten Rezepte und Tipps von anno dazumal.

Das Buch von meiner Urli-Oma kennt ihr ja bereits. Es war für sie ein unersetzlicher Ratgeber fürs ganze Leben. Angefangen von Rezepten für jegliche Anlässe über gesellschaftliche Verhaltensregeln bis hin zu Tipps in Liebesdingen findet man darin einfach alles. Es ist für mich bis heute ein unermüdlicher Fundus für neue Rezeptideen. Und weil Backen, Kochen und gemeinsames Essen verbindet, möchte ich euch auch in dieser Ausgabe wieder ein wenig von ihrem Wissen weitergeben.

Womit viele Bäckerinnen und Bäcker immer wieder kämpfen, ist das Aufbewahren und Aufbacken von Brot, Kuchen und Gebäck. Auch dafür hat meine Urli-Oma damals ihr Buch zu Rate gezogen und ist natürlich fündig geworden.

Und passend zur Jahreszeit gibt es das Rezept für ein Osterlamm, das traditionell unseren Ostertisch schmückt und sich zudem hervorragend als kleines Mitbringsel für Osterfeiern eignet.

Viel Spaß beim Lesen und Nachmachen!

AUS
Urli-Omas
KOCHBUCH
1937

Tipps zum Aufbewahren und Aufbacken von Backwaren

Einen kleinen neuen Schwamm, in kaltes Wasser getaucht und in ein Schüsselchen gelegt, stellt man in die Brotbüchse. Alles darin Aufbewahrte bleibt dann wundervoll frisch.

— * —

Kuchen und Brot bleiben frisch, wenn man eine geschälte Kartoffel oder einen geschälten Apfel in die Brotbüchse hineingibt.

— * —

Aufgebackene Brötchen schmecken besser, wenn man sie leicht mit Wasser besprengt und die Pfanne, in der sie sind, in eine andere Pfanne stellt, die halb mit Wasser gefüllt ist, und sie so in den Ofen stellt.

— * —

Um Brötchen aufzubacken, feuchtet man die Innenseite einer Papiertüte an, gibt die Brötchen hinein und legt die Tüte einige Minuten in den Ofen.

— * —

Kuchen kann man aufbewahren, indem man ihn einen Augenblick in kalte Milch taucht und dann in einen mäßig warmen Ofen stellt.

— * —

Mit Aufschnitt belegte Brötchen bleiben länger frisch, wenn man zwischen Butter und Belag ein sauber abgespültes Salatblatt legt.

Auszug aus dem Kochbuch von Christinas Urli-Oma aus dem Jahr 1937

BACKEN MIT **Tipp** CHRISTINA

Das Osterlamm eignet sich hübsch verpackt perfekt als kleines Mitbringsel zur Osterjause.

Urli-Omas GEHEIMNIS

OSTER LAMM

„MÄÄÄH" WIE ANNO DAZUMAL

 170 Grad   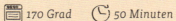 50 Minuten

Wenn wir damals nicht alle Eier auf Anhieb gefunden haben, gab es nur eines, was uns trösten konnte: das Osterlamm nach dem Rezept meiner Urli-Oma. Noch heute ziert diese tierische Überraschung unseren Ostertisch und macht jede erfolglose Eiersuche vergessen.

ZUBEREITUNG

Butter, Zucker und die Eier verrühren. Danach Mehl und Backpulver unterheben und noch einmal kurz verrühren. Die Form mit der flüssigen Butter einpinseln und mit Bröseln ausstreuen.

Den Teig in die Form füllen und im vorgeheizten Backofen bei 170 Grad Heißluft ca. 40 Minuten backen.

ZUTATEN FÜR 1 OSTERLAMMFORM

75 g weiche Butter
80 g Zucker
2 Eier
100 g Weizenmehl 700
5 g Backpulver
flüssige Butter für die Form
Brösel zum Ausstreuen der Form

GUTES GANZ EINFACH • ONLINE BACKSHOP

ONLINE BACKSHOP

DAMIT BACKT CHRISTINA

1 NIE MEHR OHNE!
BÄCKERLEINEN

2 VOLLES MEHL, VOLLER GESCHMACK
DINKELVOLLMEHL

3 NEU: GÄRKÖRBCHEN MIT HERZ

4 MHHHH, WIE DAS DUFTET!
BACKMALZ

5 NEU: GUGELHUPFFORM

DAMIT BACKT CHRISTINA

1 BÄCKERLEINEN Gut, dass sie unter einer Decke stecken. Denn mit dem Bäckerleinen ist das Festkleben und Austrocknen von Gebäck Geschichte. € 13 **2 DINKELVOLLMEHL** Volles Mehl. Voller Geschmack. Bringt Abwechslung in die Backstube und ist gesund. Menge: 1 kg € 3,50 **3 GARKÖRBCHEN MIT HERZ** Ein Zubehör, das in keiner Backstube fehlen darf. Gärkörbchen aus Peddingrohr mit Holzboden und Herzform. Formt wunderschöne Brotlaibe und ist sehr praktisch in der Handhabung. € 25 **4 BACKMALZ** Die natürliche Erfolgszutat für herrlich knuspriges Gebäck. Verleiht dem Brot sein typisches Aroma. Menge: 150g € 3 **5 GUGELHUPFFORM** Da geht die Sonne auf! Gugelhupfform von Nordic Ware. € 50

WWW.BACKENMITCHRISTINA.AT/BACKSHOP

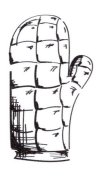

WIR BACKEN MIT CHRISTINA

Weiter geht's mit Fragen aus der Community. Damit zukünftig Gutes noch einfacher gelingt.

Mein Brot hat einen Riss parallel zum Backblech. Wie entsteht dieser?

Christina: Dies ist meist auf zu wenig Dampf im Backofen zurückzuführen. Durch die Hitze im Backrohr wird die Oberfläche sehr schnell fest und sehr knusprig. Dadurch kann sich der Teig nicht mehr ausweiten und reißt schließlich auf. Durch mehr Dampf im Ofen kann man dem entgegenwirken. Am besten funktioniert es, wenn man ein Backblech oder eine feuerfeste Schale auf unterster Ebene mitaufheizt und sobald das Gebäck im Ofen ist, Eiswürfel oder viel Wasser darauf gießt. Danach den Ofen sofort schließen.

Ich wohne in Deutschland und hier gibt es andere Mehltypen. Kannst du mir diese bitte übersetzen?

Christina: Aber gerne.

<u>Dinkelmehl 700</u> entspricht in Deutschland 630.
<u>Weizenmehl 700</u> entspricht in Deutschland 550.
<u>Weizenbrotmehl 1600</u> entspricht in Deutschland 1050.
<u>Roggenmehl 960</u> entspricht in Deutschland 997.

<u>Du hast auch eine Frage? Dann schreibe mir auf Facebook!</u>

Ich möchte statt mit Heißluft mit Ober-/Unterhitze backen. Wie geht's?

Christina: Das ist kein Problem. Einfach die Grad-Zahl um 20 Grad erhöhen.

Wie funktioniert das mit der Über-Nacht-Gäre?

Christina: Weckerl- und Brotteige können am Vortag mit kalten Zutaten (Milch, Wasser oder ähnlichem) zubereitet werden. Dabei wird übrigens weniger Germ als üblich verwendet. Den Teig am besten über Nacht luftdicht im Kühlschrank aufbewahren. Diesen dann am nächsten Tag „akklimatisieren" lassen und fertig verarbeiten, sprich zu Weckerl oder Brot formen.

SEITE 59

BACK-SOS

Österreichische Post AG, PZ 2020...
Backen mit Christina GmbH, Hintergöriach 3...

EUR 12,-
ISBN 978-3-7066-2681-1